Wer ist White Eagle

WER IST WHITE EAGLE

Zusammengestellt aus Vorträgen von Walter Ohr

AQUAMARIN VERLAG

Aquamarin Verlag
Flurstraße 5, D-8011 Forstinning

ISBN 3-922936-15-6

Druckerei Baumann AG, CH-5737 Menziken

INHALT

White Eagle

White Eagle ist eines der zahlreichen Geistwesen, die, aus höheren Sphären kommend, uns Menschen helfen wollen, den schwierigen Übergang vom Fische-Zeitalter in das Wassermann-Zeitalter gut zu überstehen.

Was aber ist seine ganz besondere Aufgabe? Aus welchen geistigen Regionen stammt er? Und welches Wissen bringt er mit?

Ist es uns Erdenmenschen mit unserem begrenzten Erkenntnisvermögen von unserer irdischen Perspektive aus möglich, dies je ermitteln oder erahnen zu können?

White Eagle selber sagte einmal, es brauche einen Meister, um einen Meister zu erkennen, einen Engel, um einen Engel zu erkennen und einen Gott, um einen Gott zu erkennen. Und wir sind keines von diesen.

Doch es gibt zwei Quellen, aus denen wir schöpfen können.

Die eine Quelle sind White Eagle's eigene Worte, seine Lehren, die Liebe, die Weisheit und die Kraft, die hinter seinen Worten stehen und einen tiefen Eindruck in unserer Seele hinterlassen. Und die andere Quelle ist das, was sein Medium, Mrs. Grace Cooke, von ihm weiß, denn sie hat über 60 Jahre lang eng mit ihm zusammen gearbeitet.

Wie alle Geistwesen, die sich uns Menschen in Worten verständlich machen wollen, brauchte auch White Eagle ein Medium – eine Mittelsperson – und er wählte hierfür eine Seele, mit der ihn seit Jahrtausenden immer wieder eine enge Partnerschaft verband.

Grace Cooke, Engländerin von Geburt, jüngstes Kind einer neunköpfigen Familie, verlor ihre Mutter mit sieben Jahren. Ihr großer Trost war White Eagle, den sie mit hellsehenden Augen als «shining presence», als eine leuchtende Persönlichkeit, erblickte. Sie sah ihn in einem weißen Gewand, das mit einem Juwel am Hals zusammengehalten war, mit einem Kopfschmuck aus weißen Federn, wie die Indianerhäuptlinge sie trugen, und mit gütigen, strahlenden Augen, die ihr, dem siebenjährigen Kind, so vertraut waren, als wäre er ein ständiger Begleiter.

Frühere Inkarnationen

Warum gibt sich White Eagle den indianisch klingenden Namen «weißer Adler»? Das hat seinen guten Grund und weist uns auf die ganz besondere Botschaft hin, die er den Menschen bringen will. Auf die direkte Frage, wer er in früheren Inkarnationen gewesen sei, ist er selber sehr zurückhaltend. Er will keinen Personenkult. Die dank ihrer übersinnlichen Fähigkeiten sehr begabte Grace Cooke konnte sich an einige Inkarnationen erinnern, die sie mit White Eagle gemeinsam zubrachte. Zwei davon hat sie in ihrem Buch «The Illumined Ones» (die Erleuchteten) geschildert.

Eines dieser früheren Leben verbrachte sie im alten Peru vor ca. 10000 Jahren als Minesta, Tochter des Häuptlings Ha-Wa-Ta. Dieser, der heutige White Eagle, belehrte sie über die Stammesweisheiten. In einem anderen Leben war sie wiederum mit White Eagle zusammen als Tempelschülerin von Is-Ra, einem Oberpriester im alten Ägypten.

Seine letzte Inkarnation verbrachte White Eagle vermutlich als Häuptling im nordamerikanischen Stamme der Irokesen. Er gab seiner Mitarbeiterin Grace Cooke wiederholt Hinweise, die sie zur Annahme bewogen, daß er kein Geringerer als Hiawatha war, der legendäre Gründer des Bundes der sechs Irokesenstämme. White Eagle selber hat zwar nie gesagt, daß er Hiawatha gewesen sei, doch scheint mit Bezug auf Charakter, Persönlichkeit und in der Art der Zielsetzung eine frappante Ähnlichkeit zu bestehen. Heute wie in früheren Leben, war und ist es White Eagle's Anliegen, Frieden und Brüderlichkeit in der Welt zu fördern. Der Name «White Eagle» hat die Bedeutung eines «geistigen Lehrers». Seine Lehren während der letzten 60 Jahre zielten darauf hin, die Menschen auf ein neues Zeitalter der Zusammenarbeit und Einheit zwischen den Nationen vorzubereiten - auf das bereits angebrochene Wassermann-Zeitalter.

Die Weisheit der Rothäute

Manche Leute verabscheuen die Idee, daß farbige Menschen mit der Sendung betraut werden könnten, die weiße Rasse zu beraten und ihr zu helfen. Es erscheint ihnen absurd, daß sogenannte wilde Indianer den heutigen Intellektuellen der zivilisierten Rasse irgend etwas Wesentliches zu sagen hätten. Die heutigen Indianer aber sind Überbleibsel von Rassen, die auf ihrem Höhepunkt Geheimnisse kannten, deren Reste bis auf den heutigen Tag lebendig geblieben sind. Was uns heute beispielsweise als primitiver Ritualtanz erscheint, ist eine degenerierte Form einer einstmalig zielgerichteten, kraftvollen Zeremonie. Nur wenige der heutigen Indianer mögen Qualitäten haben, die sie zur geistigen Führung befähigen. Doch ihre Vorfahren waren intellektuell, geistig und übersinnlich hoch entwickelt. Sie besaßen damals Kräfte, Weisheit und Weitsicht, die dem materialistischen Menschen von heute fast ganz fehlen.

White Eagle meint, daß der Weiße viel lernen könnte vom früheren Indianer mit Bezug auf Toleranz, Durchhaltewillen und Standhaftigkeit. Die Indianer von damals, sagt er, seien ein gutes Volk gewesen, eine noble Rasse, die dem Herzen des Großen Weißen Geistes viel näher standen als manch einer der Gebildeten, oder sollen wir sagen der «eingebildeten» weißen Menschen, die zu Zeiten sogar am Töten Spaß finden.

Im Menschen der Zukunft werden die Kräfte und die Kenntnisse der alten Indianer wieder neu erwachen. Die Indianer von damals werden ihren Beitrag zur Regeneration des Menschengeschlechtes leisten können, indem sich viele der damaligen Lehrer und Führer erneut inkarnieren.

White Eagle sagt:

«Eines lag den Indianern sehr am Herzen. Ihr würdet es Moral oder Ethik nennen. Sie waren ehrenhaft, ihr Wort galt, und wenn sie von anderen Rassen gegenteilige Erfahrungen machten, waren sie zu tiefst schockiert. Sie besaßen Charakterstärke, waren zielgerichtet, entschlossen und loyal. Das Niveau ihrer Zivilcourage und ihrer Ethik war viel höher als die des weißen Mannes es je war und ist. Trotzdem glaubt der weiße Mann, daß die Rothäute grausam und wild waren. Dies aber wurden sie erst als man sie betrog, erst als der weiße Mann sie durch Grausamkeit grausam machte.

Der Mensch von heute hat ganz falsche Ansichten über die Indianer, ihren Charakter, ihr Temperament und über das Leben, das sie führten, ehe sie nahezu ausgerottet wurden. Doch verurteilt deshalb niemanden!

Jede Rasse tritt mit ganz bestimmten Charakteristiken, mit einer Idee im Herzen, mit einem Auftrag in Erscheinung, ob sie das weiß oder nicht. Seit Anbeginn des Lebens kamen und gingen ungezählte Rassen, die alle ihren spezifischen Beitrag zum Ganzen leisteten.»

Dies also White Eagle's eigene Worte, die über Tieftrance seines Mediums Grace Cooke gesprochen wurden. Nun wissen wir, warum er aus der Fülle des Wissens seiner indianischen Inkarnationen zu uns redet. Er will uns Menschen des zwanzigsten Jahrhunderts auf die Reinheit, die Einfachheit, die Gottverbundenheit alter Hochzivilisationen aufmerksam machen, uns, die wir uns so weit von Mutter Erde entfernt haben, die wir große Gefahr laufen, die Grundlage unserer materiellen Existenz, den Boden, das Wasser, die Luft zu vergiften, und die wir nicht verstehen, die Gaben der Natur gerecht an alle zu verteilen, damit alle satt werden können.

Grace Cooke

Doch kehren wir zurück zu seiner Partnerin, zu seinem Medium, Grace Cooke. Als sie zwölf Jahre alt war, sprach White Eagle zum erstenmal durch sie in voller Tieftrance. In den folgenden neun Jahren konnte sie diese Fähigkeit, wie auch das Hellsehen und Hellhören voll ausbilden, um mit einundzwanzig Jahren öffentlich aufzutreten. So begann White Eagle's Lehrtätigkeit.

Grace Cooke bereiste fast alle Städte Englands, wobei sie im Rahmen der damaligen spiritualistischen Bewegung sowohl Trance-Ansprachen von White Eagle als auch Botschaften von Jenseitigen an Verwandte und Freunde im Vortragssaal vermittelte.

Einmal war Grace Cooke ferienhalber in Montreux und in den Schweizer Bergen. Dort machte sie die Bekanntschaft einer Engländerin, die in Südengland ein Landhaus besaß, in welchem es spukte. Grace Cooke anerbot sich, dem Spukgeist zu helfen, denn niemand wollte in dem ominösen Haus wohnen, auch nicht die Besitzerin. Zurück in England verbrachte Grace Cooke einige Tage in dem verrufenen Haus. Sehr bald bemerkte sie hellsehend den Geist einer erdgebundenen, jungen Frau, die ein uneheliches Kind zur Welt gebracht, sich das Leben genommen und seither keine Ruhe gefunden hatte. Nach einiger Zeit kam auch der Vater des Kindes, ein junger Mann, ebenfalls als Geistwesen. Es gelang Grace Cooke, mit den beiden zu reden, sie wieder zusammen zu führen, so daß sie glücklich und befreit den irdischen Bereich verlassen konnten. Der Spuk war vorüber.

Grace Cooke gründete zusammen mit ihrem Mann, Ivan Cooke, im Jahre 1936 die «White Eagle Loge». Die Familie lebte damals in London in den oberen Räumen eines Hauses, das im Parterre die Logenräumlichkeiten enthielt. 1941, während der deutschen Bombenangriffe, war, wie alle Häuser in London, auch das Haus der White Eagle Loge gefährdet. Und tatsächlich, drei Tage vor dem Bombeneinschlag, warnte White Eagle die Familie Cooke und riet dringend, über das Wochenende aufs Land zu gehen. Als sie am Montag nach London zurückkehrten, fanden sie einen Trümmerhaufen vor, aus welchem sie nichts anderes retten konnten als nur noch die silberne Figur eines Adlers, den Grace Cooke als Symbol auf dem Altar aufgestellt hatte. Das Haus hatte einen Direkttreffer erhalten. Noch gleichen Tages machten sie sich auf die Suche nach neuen Räumlichkeiten für die Loge und für die Familie.

Grace Cooke ging 1979 hinüber in das Land des Lichtes, von wo aus sie in enger Zusammenarbeit mit White Eagle für die Weiterentwicklung der Loge tätig ist. Auf dem irdischen Plan liegt die Leitung der Loge in den Händen der beiden mit geistigen Fähigkeiten hochbegabten Töchter und deren Familien.

Heute besitzt die Loge ein Zentrum in London mit einem Raum für ca. hundert Zuhörer und ein Landhaus in Hampshire an der London-Portsmouth Linie mit einem Tempelbau, der ein Fassungsvermögen von maximal 500 Menschen hat. «Newlands» - so heißt dieses Zentrum auf dem Land - ist seither der Sitz der White Eagle Loge geworden.

Um den praktischen Wert der White Eagle Loge richtig einschätzen zu können, soll nun von den mannigfachen Tätigkeiten die Rede sein.

Täglich um 12 Uhr mittags versammeln sich alle Anwesenden, samt Büro- und Hauspersonal im Tempel zu einem kurzen Mittags-Gottesdienst - der «Noonmeditation». Viele Menschen auf der ganzen Erde schalten sich zu dieser Stunde ein und benützen hierfür ein gemeinsames Mittagsgebet. So fließt ein starker Gebetsstrom über die ganze Erde.

An Sonn- und allgemeinen Feiertagen finden im Tempel, wie auch in der London-Loge Gottesdienste statt mit musikalischer Umrahmung und Chorgesang.

Jeden Montagabend wird für das Heil und den Frieden der gesamten Menschheit in enger Zusammenarbeit mit den Engeln der Liebe, der Weisheit und der Kraft gebetet. Außer den regelmäßigen Gottesdiensten werden im Tempel des öftern Konzerte und Vorträge durchgeführt.

Geistiges Heilen

An gewissen Wochentagen und zu feststehenden Zeiten kommen sowohl Patienten wie auch in weiße Kittel gekleidete Heiler im Tempel und in der Londoner Loge zusammen. Hier wird nach der White Eagle Kontakt-Heilmethode den Patienten die Hände aufgelegt. Den meisten Menschen unsichtbare Heilengel sind anwesend und behandeln den Ätherleib des Patienten mit farbigen Heilstrahlen. Die Heiler sind für diese Behandlung speziell ausgebildete Logenmitglieder beiderlei Geschlechts.

Als Folge des heil gewordenen Ätherleibes gesundet früher oder später auch der physische Leib. Man kann es auch so ausdrücken: Krankheiten sind die Folgen seelischer Störungen. Geistiges Heilen wirkt in erster Linie auf die Seele, und - wenn diese ins Gleichgewicht gekommen ist - erfolgt die Gesundung des Körpers.

Da Raum und Zeit in den höheren Daseinsebenen keine begrenzende Rolle spielen wie im irdischen Bereich, kann über das Gebet auch kranken Menschen, die auf der anderen Seite der Erde weilen, geholfen werden. Die über 100 Fernheilgruppen der Loge dürften ein besonderes Interesse erwecken, denn auch in diesen Gruppen wird mit farbigen Heilstrahlen gearbeitet, die auf den Ätherleib der Patienten wirken. Im Idealfall besteht eine Fernheilgruppe aus 6 hierfür ausgebildeten Personen.

Beim Fernheilen nach der White Eagle Methode spielt die Vorstellungskraft eine ganz besondere Rolle. Der Leiter nennt die Heilfarben und die Teilnehmer in der Gruppe haben die Aufgabe, sich das Gold, das

Frühlingsgrün, das Blau, das Violett, die feine Amethyststrahlung, das sprühende Silber, das Rosa, Orange und Weiß als leuchtende, pulsierende Strahlung vorzustellen. Man soll mit dem inneren Auge «sehen», doch sind sich die Teilnehmer dabei voll bewußt, daß nicht *sie* es sind, die heilen, sondern die stets anwesenden Heilengel, Boten Gottes, die auf diese Art den Menschen helfen wollen. Wenn eine Gruppe zusammenkommt, die Heilengel anruft und sich nach einem festgesetzten Gebet vorbereitet, sind auch die Engel da, wählen die genaue Farbnuance aus und manipulieren die unsichtbaren, aber wirkungsvollen Strahlen. Die Patienten sind angehalten, sich wenn möglich gedanklich in die Heilmeditation einzuschalten.

Meditation

Sehr wichtig für die Entfaltung der seelisch-geistigen Kräfte ist die tägliche Meditation. Auch wenn ein Problem gelöst werden oder ein Entschluß gefaßt werden soll - so rät White Eagle - versäume man nicht, sich in der Meditation Rat zu holen. Wer meditiert, kommt in Kontakt mit seinem geistigen Führer, mit der geistigen Welt, vielleicht sogar mit einem Meister auf höherer Daseinsstufe. Der Mensch von heute meint, er müsse all seine Probleme selber lösen. Doch in der Begrenzung seines irdischen Verstandes hat er nicht die Weitsicht höherer Wesen, hat nicht den Überblick über seine karmischen Verwicklungen, kennt nicht die Zusammenhänge mit seinen früheren Leben und weiß auch nur ganz selten, warum er an einen bestimmten Partner gebunden ist. Nur Gott weiß wirklich, was für den Einzelnen am besten ist. Deshalb gab Gott einem jeden von uns einen geistigen Führer und einen Schutzengel. In seiner meditativen Versenkung lernt der Mensch, die leise Stimme seines Führers, seines Meisters, seines Schutzengels, zu hören.

Wenige sind es, die während der Jagd des Lebens innehalten, um der inneren Stimme des Herzens zu lauschen. Es ist die Stimme der Stille oder die Stimme des Gewissens. In Wirklichkeit ist es das Erwachen des Geistes, die Erweiterung des Bewußtseins in die höheren Ebenen des wahren Lebens, von White Eagle das Christusbewußtsein genannt. Man findet es im Innersten eines jeden Menschen. Dieses Christusbewußtsein ist es, das während der Meditation geweckt, gestärkt und entwickelt wird.

Um das richtige Meditieren zu erlernen, werden in der White Eagle Loge Meditationskurse und Meditationswochen abgehalten. In einer solchen Meditationswoche leben zwölf Teilnehmer in klösterlicher Abgeschiedenheit miteinander. Sie sind angehalten, weder eine Zeitung zur Hand zu nehmen, noch Radio zu hören, keine Geschäftskorrespondenz zu erledigen, noch - außer in dringenden Fällen - zu telefonieren. Man enthält sich gänzlich des Nikotins, des Alkohols und des Fleischgenusses.

Jeweils vormittags ist die gemeinsame Meditation im kleinen Sanktuarium. Es wird eingehend erklärt, wie meditiert werden soll, wie man sich den inneren, unsichtbaren Welten öffnet und wie man der inneren Stimme lauscht.

Am Ende der Meditation wird jeder Kursteilnehmer gebeten, der Gruppe seine Meditationserlebnisse mitzuteilen. Ist es die Atmosphäre des Raumes, ist es die erarbeitete Schwingung der Gruppe, ist es die Gegenwart von unsichtbaren Wesen? Viele sind erstaunt, beglückt, manchmal auch erschüttert, welche Fülle von Eindrücken die tiefe Meditation vermitteln kann. Nicht selten kommen dem einen Tränen des Glücks, während ein anderer enttäuscht gestehen muß, daß es ihm noch nicht vergönnt war, Einblicke in das Leben auf höheren Ebenen zu erhalten.

Sehr wichtig ist das Versiegeln der Chakras nach jeder Meditation, denn während einer solchen Versenkung öffnen sich die Chakras oder Seelenfenster des Meditierenden und müssen gegen das Eindringen unerwünschter «Gäste» wieder sorgfältig und fachkundig geschlossen werden (ausführlich in «White Eagle Meditation» geschildert). Dann ist die Meditation ein sicherer Weg, der dem Wahrheitssucher neue Dimensionen erschließt.

Der Tempel

Der Tempel, der im Juni 1974 eingeweiht wurde, steht von Süden und Westen gesehen auf einem Hügel. Hinter ihm auf gleicher Höhe sind das Wohnhaus, der Garten und die Nebengebäude. Die Finanzierung des Tempels begann Jahre zuvor mit der Sammlung von sechs Millionen englischer Pennies. Hinzu kamen größere Beträge aus Legaten, und als die Hälfte des Geldes beisammen war, begann man mit dem Bau. Der Tempel ist schneeweiß, kreisrund und hat ein kuppelförmiges, ebenfalls weißes Dach. An seinem obersten Punkt, vielleicht zwölf Meter über dem Boden, ist im Dach ein rundes Glasfenster mit einem der Logensymbole - Rose im Stern - eingelassen.

Der Besucher des Tempels gelangt durch eine Vorhalle in den kreisrunden inneren Raum mit seinen zwölf Säulen. Was dem in die Höhe gleitenden Blick zuerst auffällt, sind die zwölf kreisförmig angeordneten bronzefarbenen Symbole des Tierkreises auf hellem Hintergrund. Sie erinnern den Eintretenden daran, daß er viele Male auf die Erde kommt, um unter dem Einfluß der verschiedenen Sternbilder die mannigfachen Lektionen zu erlernen, die ein erfahrungsreiches Erdenleben jedem von uns bietet.

Die Astrologie spielt in der White Eagle Loge eine gewisse Rolle. Man kann sich an Astrologiekursen für Anfänger und Fortgeschrittene beteiligen, und White Eagle sagt voraus, daß im Wassermann-Zeitalter die Ärzte das Horoskop ihrer Patienten gerne zu Rate ziehen werden, um die bestgeeignete Behandlung zu empfehlen.

White Eagle's Philosophie

Wo immer wir White Eagle's Worten begegnen, ermahnt er uns zu Bescheidenheit, Demut und Einfachheit, zu Freundlichkeit, Liebe und Hilfsbereitschaft, aber auch zu Standhaftigkeit, Festigkeit und Ausdauer. «Keep on keeping on» ist eines seiner geflügelten, oft wiederholten Worte. Er selber gibt sich ebenfalls bescheiden. In keiner seiner vielen Tranceansprachen spricht er in der Ich-Form. Er redet stets von «wir» und empfindet sich selber als Sprachrohr einer ganzen Kette von Wesenheiten, die hinter ihm stehen.

Basis und Ausgangspunkt für seine Kenntnisse und seine Weltanschauung ist die uralte Weisheit - «the ancient wisdom». Was versteht er darunter?

Er steht hier keineswegs allein. Auch in der Theosophie, in der Anthroposophie und in den allermeisten esoterischen Schulen ist die Rede von dieser Ur-Weisheit. Sie geht zurück auf Atlantis, Lemurien und Hyperboräa - versunkene Kontinente, die einst eine Menschheit mit hoher Kultur und hoher Ethik beherbergten. Im Gegensatz zur wissenschaftlichen Ansicht von heute, daß sich der Homo sapiens von primitiven Anfängen des Jägers über den seßhaften Landmann bis zum jetzigen Kulturmenschen emporgearbeitet habe, ist man in esoterischen Kreisen anderer Ansicht. Hiernach sind im Verlaufe sehr langer Zeiträume immer wieder kulturelle Hoch- und Tiefpunkte erreicht worden. Heute, so meinen diese Kreise, habe die gesamte Menschheit wieder einmal einen Tiefstand erreicht und stehe am Scheideweg zwischen Selbstvernichtung oder Aufstieg ins goldene Zeitalter.

White Eagle jedoch betont immer und immer wieder, wie wichtig es sei, dem allgemeinen Pessimismus nicht zu verfallen, denn gerade heute sei ein großer Fortschritt auf allen Gebieten zu verzeichnen. Wir sehen immer nur das Chaos - die Geburtswehen des neuen Zeitalters - doch von der geistigen Warte aus gesehen haben wir allen Grund, optimistisch und dankbar zu sein. Positives, konstruktives Denken beschleunigt den geistigen Fortschritt. «Was du denkst, das wirst du» ist ein anderes seiner oft wiederholten Worte.

Doch kehren wir zurück zu White Eagle's Philosophie. Sie ist im Großen und Ganzen eine Wiederbelebung der Ur-Weisheiten, eine Neuformulierung der ewig göttlichen Weisheit in die Ausdrucksweise des modernen Menschen.

Das Gesetz der Wiedergeburt: Reinkarnation - das Gesetz von Ursache und Wirkung: Karma - das Gesetz der wiederholten Gelegenheiten: Dharma - das Gesetz der Entsprechungen: wie oben, so unten - das Gesetz der ausgleichenden Gerechtigkeit: Equilibrium - erklärt White Eagle ebenso detailliert wie die Entwicklung der unsichtbaren Körper des Menschen, des Ätherleibes, des Astralleibes, des Mentalkörpers und des himmlischen Leibes und ihre Funktionen in den höheren Ebenen.

Was immer wieder erstaunt, wenn man White Eagle's Worte liest, ist die unmittelbare Konfrontation mit dem was er die «Wunder» nennt.

Wenn man sein niederes Selbst überwindet, die kosmischen Gesetze der Liebe, der Hilfsbereitschaft und des positiven Denkens befolgt, dann - so sagt er - geschehen die «Wunder». Dann gesundet der Mensch an Leib und Seele, dann erlangt er die Mitarbeit der unsichtbaren Wesen, Probleme lösen sich wie von selber und Heilkraft, Liebe und Licht strahlt von ihm aus.

Der Friede ist da, wir müssen ihn nur wollen. Das Licht ist da, wir müssen es nur sehen. Das Himmelreich ist in unseren Herzen, wir müssen es lediglich erkennen.

Positives Denken

White Eagle sieht voraus, daß in absehbarer Zukunft der weitaus größte Teil der Menschheit - also auch der westliche Mensch - vegetarisch leben wird, und zwar weil die für eine Fleischernährung notwendigen Tiere einfach nicht mehr da sein werden. Eine nachdenklich stimmende Vorausschau!

Was geschieht denn in der Zwischenzeit?

Vielerorts schwirren Gerüchte von bevorstehenden Katastrophen umher. Bei den einen lösen sie Angst aus, andere glauben nicht daran. White Eagle schweigt dazu. Des Menschen größter Feind, lehrt er, sei die Angst. «Warum seid ihr ängstlich, wenn doch alles in Gottes Hand liegt?»

White Eagle empfiehlt uns immer wieder, ausschließlich positiv, aufbauend und konstruktiv zu denken, zu reden und zu handeln. «Was du denkst, das wirst du», sagt er, und «die Gedanken von heute formen die Zukunft von morgen.»

Sehr eindringlich mahnt uns White Eagle: «Denke niemals schlecht, niemals negativ über irgend einen deiner Mitmenschen.» In der Bibel steht: «Was du säst, das wirst du ernten.» White Eagle ergänzt: «Jeder Gedanke, den ihr denkt, jedes Wort, das ihr redet und jede Tat, die ihr tut, übt eine Wirkung aus - setzt eine Schwingung in Bewegung - wirkt sich je nachdem positiv oder negativ auf euch und eure Umwelt aus. Damit legt ihr den Samen für die zukünftige Ernte.»

Doch die Katastrophengerüchte lassen viele Menschen nicht in Ruhe.

Einmal wurde White Eagle gefragt, ob es Länder

oder Gegenden auf dieser Erde gebe, wo man vor Erdbeben, Überschwemmungen und ähnlichen Katastrophen sicher sei. Seine Antwort hierauf ist: «Wenn ihr ganz einfach als Brüder für das Licht wirkt und, soweit ihr hierzu fähig seid, in Harmonie mit den geistigen Gesetzen lebt - dann formt sich ganz automatisch ein Schutzmantel aus Licht um euch - und ihr werdet geführt, zur rechten Zeit am rechten Ort zu sein. Begreift euer irdisches Leben als Teil der vollkommenen Harmonie des ewigen Lebens - wie auch der Liebe, die das ganze Leben umhüllt - sowohl im Diesseits als auch im Jenseits. Dann spielt es keine Rolle mehr, ob man an einem sicheren Ort ist, denn man ist überall sicher und alles ist in Gottes gütiger Hand - ist eingebettet in den göttlichen Plan.»

Warum also ängstigen wir uns, da wir doch eingebettet sind in einen wunderbaren, göttlichen Plan, der uns - reich an Erfahrungen - zurückführt in unsere wahre Heimat, in die himmlische Welt?

Der geistige Pfad

White Eagle's Hauptanliegen ist der «geistige Pfad», den wir alle hier auf Erden gehen. Und wie, so wurde White Eagle gefragt, sollen wir den geistigen Pfad gehen? Hier seine Antwort: «Sage wenig - liebe viel - gib alles - richte niemanden - und strebe unermüdlich nach allem was rein und gut ist.»

Daß der geistige Pfad viel Selbstdisziplin erfordert und daß der Schüler dieses Pfades immer und immer wieder in seinem täglichen Leben, im Umgang mit den Mitmenschen, geprüft wird, ist dem Schüler der Esoterik keine Neuigkeit. Neuartig ist vielleicht der enge Zusammenhang zwischen den vier Elementen «Feuer - Erde - Luft - Wasser» und den zu erlernenden Lektionen samt ihren Einweihungen. Wer unter einem der drei feurigen Zeichen - Widder, Löwe, Schütze - steht, ist daran, die Lektion der Liebe zu erlernen. Wer unter den irdischen Zeichen - Stier, Jungfrau, Steinbock - geboren ist, bemüht sich, die Lektion des Dienens zu erlernen. Wer den luftigen Pfad unter den Zeichen - Zwilling, Waage, Wassermann - geht, erlernt die Lektion der Bruderschaft. Die restlichen drei Zeichen des Tierkreises - Krebs, Skorpion, Fische - unterstehen dem wässerigen Element. Wer diesen Pfad geht, erlernt die Lektion des wahren Friedens. Wir alle gehen diese Pfade und benötigen viele Inkarnationen hierzu. Früher hatten die Schüler der Mysterienschulen die entsprechenden Einweihungen in den unterirdischen Räumen der Tempel zu bestehen. Heute finden sie auf den inneren oder Seelenebenen statt.

Tod und Wiedergeburt

Eine eingehende Schilderung gibt uns White Eagle von den Vorgängen beim Tod des physischen Leibes. Der Todesengel ist kein furchterregendes Wesen, vielmehr ein überaus gütiger Engel, der die Seele behutsam in die Falten seines Gewandes hüllt und hinüberträgt in das Land des Lichtes. Dort erwacht sie in jenen Umweltbedingungen, die sie während ihres Erdenlebens in ihrem Denken, Reden und Handeln erschaffen hat. Man erntet was man gesät hat. Wer selbstlos gelebt hat, für andere tätig war, wird von denen, die er liebte, jubelnd in die Arme genommen und erfreut sich eines Glückes, das mit irdischen Worten nicht beschrieben werden kann. In allem was er erfahren darf, spürt er die Nähe Gottes. Sein Glück ist groß, seine Freude ungetrübt. Doch der Tag kommt, da er auf eigenen Wunsch wieder inkarnieren möchte. Niemand wird zu einem neuen Erdenleben gezwungen. Er selber ist es, der erneut bei der Höherentwicklung der Menschheit mitwirken möchte, sein eigenes Karma bereinigen und seine eigenen Seelenkräfte entfalten will.

Wir alle, sagt White Eagle, seien sowohl menschlich als auch göttlich. Sinn und Zweck des Erdenlebens ist, dem Göttlichen in uns zum Durchbruch zu verhelfen, den Christus in unserem Innern zu erwecken, christusähnlich zu werden.

Der Entwicklungsweg

Zu Anbeginn der Zeiten, so sagt White Eagle, wurde der Mensch im Ebenbild Gottes – jedoch seiner selbst unbewußt – erschaffen. Als androgynes, d.h. als sowohl männliches wie auch weibliches Wesen, als Sohn/Tochter Gottes, wurde er von seinem himmlischen Elternpaar ausgehaucht – unschuldig, kindhaft, sich seiner Herkunft und seiner hohen Bestimmung nicht bewußt. So lebte er zufrieden und anspruchslos in einer paradiesischen Umgebung.

Gott aber hatte ihn von Anfang an zu Höherem bestimmt, denn Er benötigt unzählige «Mitarbeiter», um Sein großes Schöpfungswerk fortzuführen. Die göttliche Schöpfung ist noch lange nicht beendet und wird dauern, solange schöpferische Kräfte am Werke sind.

Die Bibel spricht vom Fall des Menschen, ja sogar vom Sündenfall und von der Vertreibung aus dem Paradies. White Eagle sieht es so:

Die Schlange ist das Symbol der Weisheit. Sie fordert die junge Seele auf, Erfahrungen zu sammeln. So begann der große Abstieg in stets dichtere Sphären, bis hinab in die dichteste Ebene, in die Welt der grobstofflichen Materie. Hier sammelt der Mensch in vielen Inkarnationen eine Erfahrung nach der anderen. Dann erfolgt der Wiederaufstieg durch die Sphären. Es ist die Rückkehr ins «Elternhaus». Von Stufe zu Stufe wandert der Mensch aufwärts, um am Ende - nun aber reich an Erfahrungen - als «Gottmensch» seinen himmlischen Eltern als vollbewußter Mitarbeiter zur Seite zu stehen.

Im Gleichnis vom verlorenen Sohn wird dieser Entwicklungs- und Reifevorgang dramatisch geschildert. Auf dieser seiner sehr langen Reise gelangt der Mensch vom Unbewußten über das Gruppen- oder Stammesbewußtsein zum Ichbewußtsein, um dann über das Christusbewußtsein, das Gottesbewußtsein und über das kosmische Bewußtsein zur Wiedervereinigung mit seinem Schöpfer zu gelangen. Was erlebt der Mensch auf dieser Reise durch Zeit und Raum?

Dualseelen

An einem ganz bestimmten Punkt dieser Entwicklung teilt sich das «Kind Gottes» in seine männliche und seine weibliche Komponente. Aus der bisherigen Einheit entstehen die beiden Dualseelen - der Sohn und die Tochter. Von nun an entfalten sie sich auf getrennten Wegen, gehen eigene Pfade. Doch jedes der beiden Teile sucht nach seinem Dual, nach seiner Ergänzung. Anfänglich ist es ihnen nur ganz schwach bewußt, dann aber mehr und mehr und zuletzt ist es ihnen wie eine Erinnerung, daß der Partner - die Dualseele - irgendwo zu finden sein müsse. Manchmal ist es den Dualseelen zu einem bestimmten Zweck, zur Erreichung eines bestimmten Zieles vergönnt, für eine gemeinsame Aufgabe zusammen zu kommen. Es ist ein blitzartiges Sicherkennen, das zu einer idealen Ehe oder Partnerschaft führt. Doch zumeist müssen die Duale ihre schönen und bitteren Erdenerfahrungen getrennt voneinander sammeln.

Das Dualprinzip besteht im ganzen uns bekannten Kosmos. Wir kennen es im Tierreich und im Pflanzenreich, und am anderen Ende der Skala ahnen wir es in der Gottheit. Während der patriarchalischen Kulturepoche wurde die Gottheit allerdings nur als Vaterfigur dargestellt. Man redet zumeist heute noch vom Herrgott und das orthodoxe Weltbild kennt Gottvater, Gottsohn und den Heiligen Geist - alles männlich betonte Wesen.

Doch die Auffassung wandelt sich. White Eagle spricht von Vater-Mutter-Gott.

Wie in nahezu allen Religionen ist auch für White

Eagle die Gottheit ein dreifaches Prinzip: Gott-Vater - das Prinzip der Macht, Gott-Mutter - das Prinzip der Weisheit, und Christus - Sohn/Tochter Gottes - das Prinzip der Liebe. - Im Laufe unserer vielen Erdenleben sind wir ganz verschiedentlich einmal Mann, einmal Frau. Es kann aber auch sein, daß wir während mehrerer aufeinanderfolgender Inkarnationen Erfahrungen in männlichen Körpern sammeln, um uns sodann in mehreren weiblichen Körpern weitere wertvolle Erkenntnisse anzueignen. Es geschieht aber auch, daß eine Seele öfter als Mann und sein Dual öfter als Frau inkarniert wird. Alles hängt davon ab, was erreicht und entwickelt werden soll.

An einem gewissen Punkt der geistigen Evolution kommen die Dualseelen endgültig zusammen, verschmelzen ineinander, sind wieder eine Einheit und kehren als «Gottmensch» oder Meisterseele zu ihren himmlischen Eltern zurück.

Die Helfer des Menschen

Seinen beschwerlichen Weg auf dem Evolutionsabstieg und dem darauf folgenden Wiederaufstieg könnte der Mensch niemals allein und ohne Hilfe gehen. Deshalb gab Gott ihm viele unsichtbare Helfer mit auf diesen Weg.

Drei verschiedene Gruppen von Wesen stehen ihm hilfreich zur Seite.

Kinder und Jugendliche werden oft von Verstorbenen, die sich hierzu freiwillig melden, betreut. Es sind Weggefährten auf Zeit, die eine inkarnierte Menschenseele während eines bestimmten Zeitabschnittes begleiten. So zum Beispiel kann eine verstorbene Großmutter ihrem Enkel bei schwierigen Situationen helfen. Später vielleicht melden sich Künstler oder Schriftsteller aus der geistigen Welt, um einem angehenden Talent bei der Entwicklung oder Verfeinerung musischer Anlagen beizustehen. Noch später kann demselben Menschen Hilfe von einer Gruppe von Wesen auf dem Gebiete sozialer oder humanitärer Betätigung zufließen. Diese alle sind Weggefährten auf Zeit. Sie entstammen der Entwicklungskette des Menschen und stehen ihrem Schützling verwandtschaftlich oder karmisch nahe.

Eine zweite Gruppe unsichtbarer Helfer sind die geistigen Führer. Im Unterschied zu der ersten Gruppe hat jede inkarnierte Seele von der Geburt bis zum Tod lediglich einen einzigen geistigen Führer. Dieser kommt zwar auch aus der Evolutionskette des Menschen, ist aber seinem Schützling einige Stufen auf der Evolutionsleiter voraus. Er mag ein «älterer Bruder» sein oder ein Meister. Fast immer besteht eine Seelenverbindung aus früheren Inkarnationen zwischen dem geistigen Führer und seinem Schutzbefohlenen.

Der geistige Führer, wie in dieser Bezeichnung angedeutet, hat die Aufgabe, seinen Schüler geistig zu führen. So kann es sein, daß er ihn durch eine Eingebung auf ein Buch aufmerksam macht, auf einen Vortrag oder auf ein Seminar hinweist und ihn so zu neuen philosophischen oder esoterischen Erkenntnissen und Weltanschauungen führt. Er überwacht seinen geistigen Fortschritt, vermittelt ihm neue Erkenntnisse, führt ihn vielleicht in eine neue religiöse Richtung und läßt ihn Gottes Gegenwart erahnen.

Zu der dritten Gruppe unsichtbarer Helfer gehören die Schutzengel. Entgegen der weitverbreiteten Ansicht, daß Engelwesen eine höhere Stufe der Menschenseele seien, lehrt White Eagle, alle Engel entstammten der benachbarten Evolutionskette der Naturgeister und Devas.

Es gebe, so sagt White Eagle, zwei parallel verlaufende Evolutionsreihen – jene der Menschen und jene der Engel. Beide streben zu Gott. Beide sind für die Gottheit und für die ewige göttliche Schöpfung unentbehrlich. Beide haben dasselbe Ziel, gehen aber eigene Entwicklungswege.

Eine Verbindung zwischen diesen beiden Evolutionsketten ist äußerst selten, jedoch nicht unmöglich. Die Legende berichtet von einer solchen Verbindung in der Gestalt des sagenhaften Zauberers Merlin zur Zeit von König Artus von England. Merlin war nach der Legende das Kind aus der Verbindung zwischen einem Menschen und einem Naturgeist.

Die Evolutionskette der Naturgeister

Aus Märchen und Legenden aller Länder, aus Abbildungen in Kinderbüchern, hie und da auch aus eigenen Erlebnissen, kennen wir die drolligen Zwerge, Gnomen und Wichtelmänner, die lieblichen Gestalten der Blumenelfen und Feen, die flüchtigen Erscheinungen von Nymphen, Nixen und Undinen, wie auch die gelb-roten Salamander oder Feuergeister.

Sie alle sind sogenannte Naturgeister, denn sie betreuen die Bereiche der Natur. Ohne ihre Mithilfe hätten wir Menschen weder den Farbenreichtum der Blumen, noch den bezaubernden Duft der Rosen, weder die Anmut eines Veilchens, noch die Pracht der Tulpenfelder.

Schon immer wurden die Scharen der Naturgeister als zu den vier Elementen - Erde - Wasser - Luft - und Feuer zugehörig betrachtet.

Zwerge und Wichtelmänner wohnen im Erdreich. Sie betreuen die Ackerkrume, die Gesteinswelt und die Mineralvorkommen. Gnomen, die in Kristallhöhlen Schätze bewachen, entspringen nicht nur der Phantasie der Märchenerzähler, sondern beruhen durchaus auf Wahrheit. Jeder Baum und jeder Strauch hat seine Fee und jede Blume ihre Blumenelfe.

Die Naturgeister haben keine unsterbliche Seele wie wir Menschen. Sie entstammen der ätherischen Substanz jenes Elements, dem sie zugehören, ernähren sich aus dieser Substanz, arbeiten mit ihr und lösen sich wieder in dieselbe auf, wenn ihre Zeit um ist.

Die Arbeit der Feen und Elfen steht in engstem Zusammenhang mit den Säften und Wachstumskräften der Pflanzen. Sie sehen und beobachten uns Menschen, wenn wir mit der Erde und der Pflanzenwelt in Berührung kommen. Während ihrer geheimnisvollen Arbeit sind sie formlos, doch wenn sie ruhen, feiern, spielen und tanzen, dann nehmen sie gerne die Gestalt des Menschen an, kleiden sich buntfarbig und lieben es, uns Menschen nachzuahmen.

Der Mensch von heute kann diese Wesen weder sehen noch fühlen. Er ignoriert ihre Existenz. Das war nicht immer so. In früheren Kulturepochen hat der naturverbundene Mensch oft eng mit den Naturgeistern zusammengearbeitet. Die Zeit wird kommen, meint White Eagle, da der Mensch die ihm unsichtbaren Reiche erforschen und zum gegenseitigen Nutzen wiederum eng mit den Naturgeistern zusammenarbeiten wird.

Die Wassergeister, die Nymphen, Nixen und Undinen haben mit den Wasserpflanzen, aber auch mit der Bewegung des Wassers, mit dem Wellengang, den Meeresströmungen und dem Wasserhaushalt zu tun.

Die Luftgeister oder Sylphen beeinflussen die Bewegung der Luft, den Sturm und die Orkane, aber auch die Gedanken und Erfindungen der Menschen.

Die Feuergeister oder Salamander sind stets auf dem Plan, wenn jemand ein Streichholz anzündet, Feuer macht und mit Feuer spielt. An einem lodernden Feuer oder an einer Feuersbrunst haben sie ihre helle Freude.

Die Wasser-, Luft- und Feuergeister haben etwas zu tun mit den Emotionen des Menschen. Schlagen die Wellen der Emotionen und Gefühle hoch, dann sind die Naturgeister nicht ganz ungefährlich. Nur ein Mensch, der Meisterschaft erreicht hat, ist Herr über die Elemente und kann den Geistern gebieten und sie zur Ruhe bringen.

Außer den Naturgeistern gibt es noch Elementarwesen. Diese entstehen laufend aus den Gedanken der Engel, aber auch aus den Gedanken der Menschen, denn auch der Mensch ist wie die Gottheit ein schöpferisches Wesen. Je nach der Qualität unserer Gedanken sind die Elementarwesen gut und konstruktiv, freundlich und hilfsbereit, oder aber böse und destruktiv, feindlich und übelgesinnt. Dies sollte uns sehr nachdenklich stimmen und dürfte uns lehren, wie ungeheuer wichtig die Gefühls- und Gedankenkontrolle ist.

Ähnlich wie in der Evolutionskette des Menschen die *Einzelseele* von Stufe zu Stufe höher steigt und ihr Bewußtsein laufend erweitert, so entwickelt sich das Leben in der benachbarten Evolutionskette der Naturgeister als *Kollektivseele* stufenweise empor. Die nächste Sprosse auf der Stufenleiter der Naturgeister ist das Reich der Devas. Das Wort Deva kommt aus dem Sanskrit und bezeichnet Wesenheiten, die ganze Täler, Gärten, Berge, Seelandschaften, Waldpartien, Hochmoore, wie auch ganze Pflanzengattungen betreuen. Wie die Naturgeister sind auch die Devas dem menschlichen Auge unsichtbar, doch ein Hellsehender erblickt sie oft als geometrische Figuren mit einem menschenähnlichen Antlitz im Zentrum. Die Devas haben eine große Schar von Naturgeistern unter ihrem Einfluß und führen sie ähnlich wie in der benachbarten Evolutionskette des Menschen ein Meister seine Jünger führt.

Die Welt der Engel

Aus dem Reich der Naturgeister und Devas entwickelt sich das Reich der Engel. Es gibt eine unvorstellbar große Zahl von Engelwesen oder Boten Gottes. Sie haben ihre Aufgaben innerhalb des großen, göttlichen Entwicklungsplanes und je nach ihren Eigenschaften und Funktionen sind sie Engel des Friedens, Engel der Versöhnung, Engel der Demut, Engel der Gerechtigkeit, Engel der Gnade, Engel der Barmherzigkeit, Engel der Liebe, Engel der Musik und der bildenden Künste, Engel der Weisheit, Engel der Macht und wie sie sonst noch heißen mögen. Ihre Einsatzbereitschaft ist überall dort zu finden, wo Menschen versuchen, das Leben auf der Erde im Sinne einer ethischen Höherentwicklung schöner und besser zu gestalten.

Nun gibt es aber noch zwei weitere Kategorien von Engelwesen, die ganz spezielle Aufgaben bei den Menschen übernommen haben. Es sind die Schutzengel und die Heilengel.

Jede Menschenseele, die sich für eine neue Inkarnation entschlossen hat, bekommt einen Schutzengel zugeteilt, der – wie es der Name sagt – für den Schutz des Lebens vom Zeitpunkt der Zeugung bis zum Moment des Todes verantwortlich ist. Er beaufsichtigt das werdende Leben im Mutterleib, ist bei der Geburt anwesend; er steht dem Arzt und der Hebamme zur Seite und schützt das Leben seines Schutzbefohlenen während dessen Lebenszeit. Wie oft hört man doch die Worte: Dieser oder jener Mensch hatte einen rettenden Schutzengel. Oder man erinnert sich an Ereignisse im eigenen Leben, als man deutlich das Gefühl hatte, durch eine blitzartige Eingebung, eine unbewußte Handlung, fast wie durch Zufall, von einer drohenden Gefahr bewahrt worden zu sein. Einen Zufall jedoch, betont White Eagle, gibt es nicht.

Mit Recht wird man fragen, weshalb so viele Menschen trotz des Schutzengels Opfer eines Unfalls werden. War denn, so fragt man sich, der Schutzengel nicht zur Stelle? Oder war er machtlos? Haben Zufall oder Schicksal gewirkt?

Es gibt keinen Zufall! Jedes einschneidende Geschehen ist schicksalsbedingt. Der Schutzengel weiß davon. Er kennt den Tag und die Stunde und muß es geschehen lassen. Es mag ihn schmerzen, vielleicht verhüllt er sein Antlitz, wenn es geschieht. Doch er weiß, daß es letztlich zum Segen und zum Heil seines Schutzbefohlenen dient.

Die Heilengel sind die eigentlichen Helfer des Arztes. Sie wissen um die wahren Ursachen der Krankheit, die nahezu ausschließlich im seelischen Bereich liegen. Alle Krankheiten, ja auch Unfälle und chronische Leiden haben ihre tiefste Ursache im seelischen Verhalten des Menschen. Selbstsucht, Habsucht, Neid etc. legen den Keim zu zukünftigen Krankheiten, die entweder bald, d.h. noch zu Lebzeiten des Menschen ausbrechen können, oder sie greifen hinüber in ein späteres Leben. Man redet dann von karmisch bedingten Krankheiten.

Die Heilengel erkennen diese weit zurückliegenden Ursachen oder karmischen Verknotungen.

White Eagle lehrt, daß die Heilengel zur Ausübung ihrer heilenden Tätigkeit die Mithilfe des Menschen benötigen. In der Zusammenarbeit von Engeln und Menschen ist das Geistige Heilen begründet. Der Heiler spielt hierbei die kleinere Rolle. Er dient als Brücke zwischen der jenseitigen und der diesseitigen Welt.

Im White Eagle Kontakt-Heilverfahren sind die Hände des Heilers lediglich die «Elektroden», welche die Heilstrahlen der Heilengel in die Aura und in die Chakras des Patienten hineinleiten.

Beim White-Eagle Fernheil-Verfahren ist es die Gruppe in Verbindung mit den Heilengeln, welche die Heilstrahlen einem nicht anwesenden Patienten, der auf der anderen Seite der Erde sein kann, zuleiten.

All dies sind rein geistige Vorgänge und eine Ergänzung zur Arbeit des Arztes auf der materiellen Ebene.

Die Seele eines Menschen ist gemäß White Eagle's Definition die Summe der Erfahrungen aus allen früheren Leben. Was geschieht nun, wenn sich eine Seele erneut verkörpern möchte? Wo weilt sie in der Zeitspanne zwischen zwei Erdenleben?

White Eagle lehrt, daß bei jeder Wiederverkörperung (Inkarnation) nur ein sehr kleiner Teil von Geist und Seele in den Leib des neugeborenen Kindes hineinschlüpft - nicht der ganze Geist und die ganze Seele. Dieser Vorgang der Wiederverkörperung geschieht nur allmählich und erst mit dem Erreichen der Mündigkeit, also ungefähr mit dem zwanzigsten Lebensjahr, ist er beendet. White Eagle betont ausdrücklich, daß stets nur ein Teil des Ganzen inkarniert wird. Der weitaus größere Teil verbleibt im ewigen Heim der Seele in der himmlischen Welt. Diesen größeren Teil nennt er das «höhere Selbst». Dort sind die Erinnerungen an alle früheren Leben und alle Erfahrungen gespeichert.

So auch ist es erklärlich, daß das inkarnierte Teil-Selbst normalerweise keine Erinnerungen an frühere Leben hat. Ohne Vorkenntnisse, neutral und unvoreingenommen kann es nun neue Erfahrungen sammeln.

Die Seele erhält mit jeder erneuten Inkarnation eine weitere Gelegenheit, eine erneute Chance, ihre vielleicht uralten Probleme zu meistern.

Die ungelösten Probleme, verpaßte Gelegenheiten, fehlerhaftes Verhalten unseren Mitmenschen gegenüber, aber auch unser Streben und unser Einsatz für das Gute und Positive, kurz gesagt, das «Soll und Haben» unserer «himmlischen Buchhaltung», formt unser

Karma. Wir kommen so oft in eine neue Inkarnation, bis alle Mängel beseitigt sind und das «himmlische Kontoblatt» ausgeglichen ist.

Den beschwerlichen Erdenpfad können wir uns bedeutend erleichtern, wenn es uns gelingt, uns mehr und mehr mit unserem eigentlichen Wesen - dem höheren Selbst - zu identifizieren. White Eagle formuliert dies mit folgenden Worten:

«Über dir in den höheren Sphären lebt dein ewiger Lichtleib - dein höheres Selbst. Erhebe dich in Gedanken in die Himmelswelt und vereinige dich mit diesem strahlenden göttlichen Selbst. Lebe im Bewußtsein dieser deiner wahren Wesenheit - und du wirst deinen Pfad in Freude, Glück und mit fröhlichem Herzen gehen!»

Licht aussenden

Der Planet Erde sei der dunkelste unter den Planeten unseres Sonnensystems und mit wenigen Ausnahmen wohl auch der dunkelste aller Himmelskörper unserer Milchstraße. Mit «dunkel» ist hier nicht das Sonnenlicht gemeint, sondern der Helligkeitsgrad der geistigen Erkenntnis der Wesen, die diese Himmelskörper bewohnen.

Das verwundert uns nicht, wenn wir die Erdenmenschheit betrachten mit ihrer selbstmörderischen Aufrüstung, ihrer Kriminalität, der großen Zahl von Gefangenen und Gefolterten, der körperlich und seelisch Kranken und geistig Gestörten, der Kindsmißhandlungen, Unzucht und Vergewaltigung jeder Art.

White Eagle aber sagt: «Ihr seht nur die eine Seite der Münze. Wir hingegen schauen in euer Herz, lesen in eurer Seele, hören eure Gebete und helfen euch in euren humanitären und sozialen Anstrengungen - und wir lieben euch.»

Liebe ist das große Heilmittel, das alle Probleme löst, alle Wege ebnet und auch auf dieser dunklen Erde allmählich die Bruderschaft allen Lebens ermöglicht. Somit wird auch eines Tages unfehlbar der Planet Erde in die kosmische Bruderschaft aufgenommen. Eine solche Bruderschaft besteht tatsächlich, versichert White Eagle. Sie existiert seit Aeonen und ihre Mitglieder warten geduldig, bis auch der Erdenmensch sein kosmisches Erbe antreten kann.

«Wir wissen», sagt White Eagle, «daß euch eine wundervolle Zukunft erwartet. Was not tut ist Licht - geistiges Licht, welches die Finsternis der Gedanken- und Gefühlswelt der Menschenmassen erleuchtet.»

Zu jeder dritten Stunde, um 3, 6, 9 und 12 Uhr, rät er uns, Licht auszusenden.

Wer es irgendwie kann, und sei es auch noch so kurz in einer Arbeitspause, auf dem Heimweg oder zuhause im stillen Kämmerlein, der sende Licht aus in die Welt, Licht in die Herzen der Menschen, Licht in das uns ernährende Erdreich, Licht dem jüngeren Bruder Tier, Licht den werdenden Müttern, Licht allen Frauen und all jenen, die für die Erziehung der Jugend verantwortlich sind.

Wo Licht ausgesendet wird, sei es von Einzelpersonen, sei es von Gruppen, versammeln sich Scharen von lichtvollen Wesen. Sie fügen ihr eigenes Licht dem Licht der Menschen hinzu. Jesus Christus sagt: «Wo zwei oder drei in meinem Namen beieinander sind – da bin ich mitten unter ihnen.»

So wird es langsam und sicher hell auf der Erde.

Die Zukunft der Menschheit

White Eagle, befreit von den Beschränkungen eines irdischen Körpers, mit dem Weitblick eines der Sonne entgegenfliegenden Adlers, losgelöst von Raum und Zeit, kann sowohl in die Vergangenheit als auch in die Zukunft schauen.

«Ihr könnt es heute noch nicht verstehen, doch in der Sicht der älteren Brüder sind Vergangenheit und Zukunft das ewige Jetzt. Eure Wissenschaftler werden neue Naturgeheimnisse entdecken, eure Techniker werden ein neuartiges System für die Beleuchtung und Erwärmung eurer Gebäude erfinden. In relativ naher Zukunft wird die Flugtechnik so große Fortschritte machen, daß Entfernungen immer kleiner werden und beinahe verschwinden. Gewaltige Fortschritte werden erzielt auf den Gebieten des Fernsehens, im Empfang von Radiowellen, im interplanetarischen Radioverkehr und in der Erkenntnis der Geheimnisse unsichtbarer Welten.

Neue Legierungen und Werkstoffe werden vielfältige Anwendungsgebiete erschließen. Auch in der Architektur wird es große Veränderungen geben. Eure Gebäude werden neue Formen erhalten. Heute noch sehen wir strenge und gerade Formen, erst später folgen schöne, schwungvolle Linien, runde und ovale Behausungen.

Dies kommt, wenn der Mensch in seiner seelischen Entwicklung vom reinen Verstand zur göttlichen Schönheit und Harmonie gefunden hat.

Mit seiner fortschreitenden Entwicklung wird der Mensch nahe an die göttliche Weisheit herankommen, doch wird er diese vorerst gar nicht als solche erkennen. Er wird versuchen, die göttlichen Wahrheiten durch den Verstand zu erfassen, denn Verstand und Intellekt werden stark in den Vordergrund treten. Ihr seht dies bereits heute in der Überschätzung des Intellektes. Doch auch diese Phase wird vergehen und die Arroganz des Intellektes wird zusammenbrechen. Das muß so kommen, denn ohne geistigen Einfluß auf den Intellekt würde der Mensch sich durch den Mißbrauch neu entdeckter Naturgeheimnisse selber zerstören. Was die Entwicklung der seelichen Kräfte anbelangt, wird der Mensch seine inneren Fähigkeiten erkennen lernen. Dann wird er diese entfalten und schließlich fällt auch für ihn der Schleier zwischen dem Sichtbaren und dem Unsichtbaren. Mit der Fähigkeit des Hellsehens erlangt er Gewißheit über sein Weiterleben nach dem Tode. Dann wird die Mehrzahl der Menschen um die großen Wahrheiten wissen, deretwegen man die Pioniere von heute noch auslacht. Der Zweck des Lebens hier auf Erden ist den Himmel zu erkennen und zu verwirklichen.

Ihr geht durch eine Phase, in der viele von euch einer unschönen Musik huldigen. Diese Musik symbolisiert Konflikt und erfüllt den Zweck, unerwünschte, veraltete Formen zu zerbrechen. Schönere Musik ist im Werden und wird euren Verstand fördern und euer Herz öffnen.

Der Geist der Bruderschaft und der Nächstenliebe ist im Kommen. Ein jeder muß nach göttlichen Gesetzen voranschreiten und sein Herz entdecken. Ihr alle seid auf dem Weg zur Meisterschaft.

Im Wassermann-Zeitalter wird es eine gemeinsame Sprache der Seele und damit eine gemeinsame Weltsprache geben, denn in den höheren Sphären gibt es auch nur eine einzige Sprache. Dort vollzieht sich die Verständigung nicht mit Worten, sondern eher wie durch Lichtblitze oder gedankliche Lichtschwingungen.

Im neuen Zeitalter werden viele unerwartete Dinge geschehen - Wunder - wie ihr es nennen würdet. Die geistige Dunkelheit wird von vielen lichten Ideen und Gedankeneinstrahlungen erhellt. Die gesamte Menschheit nähert sich dem Punkte der Allverbrüderung. Ihr glaubt, daß noch viele Jahrhunderte vergehen müssen, bis die Menschheit diesen Punkt erreicht. Wir aber sagen euch, daß unglaubliche Veränderungen innerhalb der nächsten fünfzig Jahre oder bereits früher stattfinden werden. Statt Krieg, den der Pessimist erwartet, und damit sein Möglichstes tut ihn herbeizuführen, wird die Bruderschaft der Engel und Menschen verwirklicht.»

Unsere wahre Heimat

Wir sprachen von der langen Reise der Menschenseele. Wir begleiteten sie von der Quelle ihres Schöpfers, hinab in die Materie oder Verdichtung und hörten von ihrem Wiederaufstieg in die Ebenen des Geistes oder die Rückkehr ins «Elternhaus». Es ist die Re-ligio oder Rückverbindung mit der wahren Heimat.

Im Verlaufe dieser langen Reise erlebt die Seele einen Rhythmus von Arbeit und Erholung - Arbeit im irdischen Gewand und Erholung in den Pausen zwischen den Erdenleben.

Dank den Forschungen von Dr. Elisabeth Kübler-Ross und Dr. Moody wissen wir heute, wie sich der Übergang - Tod genannt - vollzieht.

Es ist ein Aussteigen aus dem materiellen Leib, als ob man sein Arbeitsgewand ablegte - ein Durchgleiten durch den dunklen Tunnel - ein Erleben des Lichtes auf der anderen Seite und die Begegnung mit dem Lichtwesen, das der Seele ihr vergangenes Erdenleben wie in einem Filmstreifen zeigt, wobei das Lichtwesen manchmal ein paar Fragen stellt, die sich die Seele jedoch selber beantworten muß. Dann gelangt die Seele an eine Lichtschranke. Hier muß sie entweder umkehren - zurück in ihren materiellen Leib, wenn es nur ein klinischer Tod war - oder die Seele darf weiterschreiten über die Grenze hinweg - wenn die Spanne ihres Erdenlebens vollendet ist - in das «Land des Lichtes».

White Eagle beschreibt diese Heimkehr in das Land des Lichtes, in die wahre Heimat, sehr ausführlich. Groß ist die Freude der Wiedervereinigung mit Geliebten, Freunden und Weggefährten, die bereits früher heimgegangen waren. Je nach der Art des Erdenlebens, das man verlassen hat, gelangt man in eine schöne oder weniger schöne Welt, befindet sich in jener Umwelt, die man sich durch seine Gedanken, Worte und Taten selber aufgebaut hat.

Von der Beschränkung des materiellen Leibes befreit, durchwandert man die wundervollen himmlischen Gärten, Landschaften, Berge, Täler und besucht die Tempel der Weisheit, die Stätten der Kunst und der Musik. Wer es wünscht wird sich ganz seinen Lieblingsbeschäftigungen widmen können. Viele erleben die Wonne des Zusammenseins mit der Dualseele, mit Meistern und älteren Brüdern, doch das beglückendste Erlebnis ist das Erspüren der Gegenwart Gottes.

Es ist eine Zeit der Freude und der Erholung.

Doch unweigerlich kommt der Zeitpunkt, da die Seele auf ihrem Entwicklungspfad weiterkommen möchte. Sie begreift, daß dies nur durch eine erneute Inkarnation auf dem irdischen Plan geschehen kann.

Niemand wird zu diesem Schritt gezwungen. Ist man noch nicht bereit, dann sagt der betreuende Engel: «Gut, dann warte noch eine Weile.»

Es muß auch nicht notwendigerweise der Planet Erde sein.

Zuweilen wird eine Inkarnation auf der Venus oder einem anderen Himmelskörper erlaubt. Die «Gebieter des Karma» bestimmen nach astrologischen Gesichtspunkten die Geburtsstunde und den Geburtsort, die dem wahren Bedürfnis der Seele entsprechen. So kann die Seele weitere Erkenntnisse und Erfahrungen sammeln, kann karmische Knoten entwirren, um auf der Sprossenleiter der geistigen Entwicklung einige Stufen hinanzuklimmen.

Der göttliche Plan ist vollkommen.

Das Ziel der Entwicklung aller Wesen, ja der Erde selbst, ist Vollkommenheit. Jede Phase unserer Erfahrungen, gute wie sogenannte böse, Leben und Tod, dienen dem Ziel der Vollkommenheit.

White Eagle ist wie wir alle durch viele Leben hindurch gegangen. Doch im Gegensatz zu uns erinnert er sich an seine früheren Inkarnationen, wie auch an die Episoden, die man so leichthin den «Tod» nennt. Den Tod jedoch gibt es nicht. Es gibt nur Leben, ewig fortschreitendes Leben.

Einen solchen Übergang, den wir Tod nennen, schildert er uns mit eigenen Worten. Damals war er der Häuptling eines nordamerikanischen Indianerstammes.

«Als meine Zeit nahte, fühlte ich den Ruf des Großen Weißen Geistes. Da erhob ich mich und erklomm den mächtigen Berg, zu dessen Füßen mein Volk lebte. Hoch oben auf diesem Berg befand sich eine Höhle, in die ich mich oftmals zur Meditation und zum Gedankenaustausch mit meinem Volk im großen Jenseits zurückgezogen hatte. Bei Sonnenaufgang verließ ich mein Heim und wählte den steilen Weg, der vom See in die Höhe führte. Den ganzen Tag stieg ich durch den Wald, während die Vögel sangen und wilde Tiere meinen Pfad kreuzten. Am Abend erreichte ich die in den Fels gehauene Höhle. Herrlich standen die Berge ringsumher. Gipfel reihte sich an Gipfel, rotgolden von der untergehenden Sonne beleuchtet. Lange rastete ich und dachte an den Großen Geist, voller Liebe und Dankbarkeit, der mich sicher durch dieses Leben geleitet hatte. Mit Einbruch der Dunkelheit legte ich mich zur Ruhe und hatte einen tiefen, erquickenden Schlaf. Nach einer Weile weckte mich ein Gemurmel von Stimmen und die Augen öffnend sah ich, daß ich nicht mehr allein, sondern in Gesellschaft von Meinesgleichen war. Sie waren alle in weiße, glänzende Gewänder mit goldenen Borten gekleidet, und ihr Kopfschmuck bestand aus weißen, weichen Federn. Die Gesichtszüge und Gewänder leuchteten in einem milden Licht, das durch sie hindurch und aus ihnen heraus strahlte.

Der Sprecher der Gruppe sagte: «Wir kommen, lieber Bruder, um dich ins Sonnenlicht zu führen», und so geleiteten sie mich aus der Höhle, und gemeinsam wanderten wir auf einem Lichtpfad der aufgehenden Sonne entgegen. Es war eine neue Welt. Einerseits glich sie derjenigen, die ich im Tal zurückgelassen hatte, andererseits war sie schöner und erhabener als jene. Harmonie, Friede und vollkommenes Glück herrschten hier. Meine Gedanken waren erfüllt von Gott, dem Schöpfer dieses herrlichen und vollkommenen Lebens.»

Wer nun ist White Eagle?

Vielleicht versteht man ihn am besten als einen der Herolde des goldenen oder des Wassermann-Zeitalters, einer ca. zweitausend Jahre dauernden Zeitepoche, in welcher Weltfrieden und Weltbruderschaft verwirklicht, ein Zeitalter der vollkommenen Partnerschaft, in welchem die geistig-seelischen Kräfte des Menschen ganz in den Dienst der Allgemeinheit eingesetzt werden, ein Zeitalter, in welchem der Mensch sein kosmisches Erbe antreten darf — die Bruderschaft allen Lebens.

*

Die vorangegangenen Seiten vermitteln nur einen skizzenhaften und keineswegs umfassenden Überblick über White Eagle und seine Lehre, die ihren Niederschlag in ungefähr 30 Büchern in englischer Sprache gefunden hat. Diese werden laufend in andere Sprachen übersetzt. Die deutschen White Eagle Bücher sind im Aquamarin Verlag erschienen und können direkt von dort oder über den Buchhandel bezogen werden. (Siehe Bücherliste.)

Aquamarin Verlag
Flurstrasse 5
D 8011 Forstinning

Englische White Eagle Bücher sind zu beziehen durch:
The Secretary, The White Eagle Publishing Trust
Newlands
Liss, Hampshire GU33 7HY England

WHITE EAGLE BÜCHER

WHITE EAGLE MEDITATION (Meditation)

Theorie und Praxis der White Eagle-Meditation,
118 Seiten
ISBN 3-922936-06-7 Fr. 15.— DM 15.—

IN DER STILLE LIEGT DIE KRAFT (The quiet mind)

Auslese der markantesten Worte von White Eagle,
55 Seiten
ISBN 3-922936-09-1 Fr. 8.50 DM 8.50

VOM LEBEN NACH DEM LEBEN (Sunrise)

Ein Buch, das Trost spendet
und wahres Wissen vermittelt, 64 Seiten
ISBN 3-922936-10-5 Fr. 8.50 DM 8.50

WUNDER DES LICHTS (Morninglight)

Über das Woher,
Wohin und Warum des Menschen, 64 Seiten
ISBN 3-922936-13-X Fr. 8.50 DM 8.50

WEISHEIT VON WHITE EALGE (Wisdom from White Eagle)

Vermittelt das Weltbild des neuen Zeitalters
und erklärt das geistige Gesetz
und seine Auswirkungen, 95 Seiten
ISBN 3-922936-19-9 Fr. 10.— DM 10.—

GEBETE IM NEUEN ZEITALTER (Prayer in the new age)

Eine neue Zeit hat Anspruch auf neue Gebete -
auf eine andere Art des Gesprächs mit Gott und den
Wesen auf höheren Daseinsstufen, 88 Seiten
ISBN 3-922936-14-8 Fr. 10.— DM 10.—

DER GEISTIGE PFAD (Spiritual Unfoldment I)

Geistige Entwicklung und Entfaltung
der Seelenkräfte des Menschen, 128 Seiten
ISBN 3-922936-04-0 Fr. 14.— DM 16.—

NATURGEISTER UND ENGEL (Spiritual Unfoldment II)

Das verborgene Leben der Naturgeister
und Engelwesen und deren Zusammenarbeit
mit den Menschen, 85 Seiten
ISBN 3-922936-05-9 Fr. 10.— DM 12.—

WER IST WHITE EAGLE

Zusammengestellt aus Vorträgen
von Walter Ohr, 48 Seiten
ISBN 3-922936-15-6 Fr. 7.— DM 8.—

Übersetzungen in Vorbereitung:

DER PFAD DER EINWEIHUNG (The Illumined Ones)
von Grace Cooke

WARUM? Ein White Eagle Buch über den Sinn des Erdenlebens
(Why on earth) von Joan Hodgson